Baśnie naszego dzieciństwa

Baśnie naszego dzieciństwa

Redakcja: Studio FENIX
Tłumaczenie: Studio FENIX
Korekta: Justyna Brodłowicz
Projekt okładki: Przemysław Krygier
Skład: Kamil Nadrowski, Przemysław Krygier

P.H.W. FENIX
Wierzchy Parzeńskie 4
97-415 Kluki
tel. (44) 634-86-26
wydawnictwo@phwfenix.pl
www.phwfenix.pl

Książkę wydrukowano na papierze
MultiArt Silk 115 g dostarczonym przez

ISBN: 978-83-62413-82-9

Wprowadzenie

Baśnie, które opowiadamy dzieciom, zawsze mają morał i głębszy sens. Wnoszą też odrobinę magii w nasze życie. W ludowej tradycji w baśniach występują magiczne stworzenia, które mieszają się w ludzkie sprawy. Czasami w przyjazny sposób, czasami złośliwy.

Baśnie, stanowiące dużą część historii literatury, pełne są dziwnych i jednocześnie cudownych zdarzeń. Znane są w różnej formie od tysięcy lat we wszystkich kulturach i przekazywane z pokolenia na pokolenie. Czytanie baśni to wspaniała, relaksująca rozrywka nie tylko dla dzieci, ale także dla dorosłych.

Udowodniono, że baśnie mają bardzo duży wpływ na rozwój społeczny i emocjonalny dzieci. Pokazują im, że światem rządzi zarówno dobro, jak i zło, że człowiek nie jest sam i może liczyć na czyjąś pomoc, że dobro, miłość i sprawiedliwość zawsze zwyciężają i są nagradzane, natomiast skąpstwo, lenistwo i chciwość spotykają się z karą. Pamiętajmy, że baśnie nie tylko bawią, ale także są lekcją kultury i dobrych manier.

Ten zbiór baśni to wspaniały prezent dla każdego dziecka. Może stać się lekturą do poduszki, dzięki której poznacie fascynujące historie o dobrych wróżkach rozdających piękno, mądrość, wdzięk i inne pozytywne wartości oraz o złych czarownicach, które chcą wyrządzić człowiekowi krzywdę. Wybraliśmy baśnie, które wielu z nas uwielbia do dziś i które najbardziej pamiętamy z dzieciństwa. Piękne ilustracje z pewnością poruszą wyobraźnię czytelników.

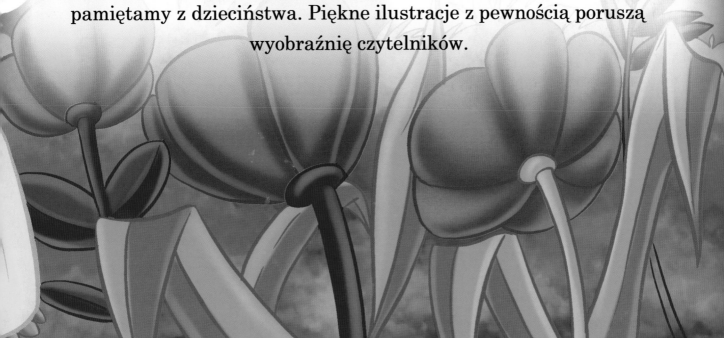

Baśnie naszego dzieciństwa
Alicja w krainie
czarów

Alicja w krainie czarów

Pewnego razu znudzona Alicja siedziała z siostrą, która czytała książkę. Nagle przed nosem Alicji przebiegł Biały Królik i krzyknął:

- Jestem spóźniony!

Wyciągnął z kieszeni zegarek i sprawdził godzinę. Zaraz potem zniknął w norze.

- Ciekawe czemu się tak śpieszył? - pomyślała Alicja.

Pobiegła więc za królikiem do nory i zajrzała zaciekawiona przez otwór, który nagle zapadł się i Alicja znalazła się wewnątrz niego. Wylądowała pośrodku długiego, wąskiego korytarza z drzwiami różnej wielkości. Na stoliku z trzema nóżkami znalazła mały, złoty kluczyk i

zieloną butelkę, z której się napiła. Nagle zaczęła się kurczyć, dzięki czemu mogła wejść przez drzwiczki. Po drugiej stronie jej oczom ukazał się piękny ogród. Okazało się, że nie jest większa od owadów i wtedy jej niewielki wzrost zaczął ją martwić. Wówczas przebiegł przed nią Biały Królik. Kazał jej iść do swojej chatki i przynieść mu rękawiczki i wachlarz. Alicja poszła do domku Królika. Na stole znalazła kawałek czekoladowego ciasta, które zjadła i zaraz potem stała się wyższa. Biały Królik krzyknął i kazał jej wyjść, ponieważ stała się tak duża, że zaczęła blokować drzwi. Alicji udało się wziąć wachlarz i w mgnieniu oka zaczęła się kurczyć.

Baśnie naszego dzieciństwa
Alicja w krainie
czarów

- Ach, nigdy nie wrócę do normalnego rozmiaru! - krzyknęła zmartwiona. Nagle ujrzała zieloną Gąsienicę, która powiedziała:
- Jedna strona sprawi, że będziesz rosła, a druga, że zmalejesz.
- Jedna strona czego? - zapytała Alicja.
- Grzybka - odpowiedziała Gąsienica.
Alicja zjadła więc kawałek grzyba.
- Rosnę! - zawołała.
- W którą stronę powinnam iść?

- Ta droga prowadzi do Szalonego Kapelusznika.
Alicja odwróciła się i ujrzała Kota z Cheshire, który
powiedział, że zobaczą się później. Na herbacianym
podwieczorku dziewczynka spotkała Szalonego Kapelusznika.
Kazał jej rozwiązywać dziwne zagadki, które wprawiły Alicję
w duże zakłopotanie.
Szalony Kapelusznik śmiał się, ponieważ sam nie znał
żądanych odpowiedzi. Tymczasem przy stole inni biesiadnicy
próbowali obudzić Susła. Alicja zaś powędrowała

Baśnie naszego dzieciństwa
Alicja w krainie
czarów

dalej i dotarła na pole, gdzie Królowa Kier grała w krokieta. Alicja włączyła się do gry i choć grała bardzo dobrze, Królowa zażądała, aby ściąć jej głowę. Dziewczynka stanęła przed ławą przysięgłych, w której zasiadali nieznośnie zachowujący się Szarak bez Piątej Klepki i Szalony Kapelusznik, śpiący Suseł i śmiejący się Kot z Cheshire. Królowa, której Alicja bardzo się bała, kazała ukarać dziewczynę za kradzież przepysznego ciastka w kształcie serca. Nagle Alicja poczuła, że ktoś ciągnie ją za ramię i … obudziła się. Nad sobą ujrzała siostrę, której opowiedziała o przedziwnym śnie.

Gdy wybiła północ, zjawił się pierwszy duch. Oznajmił, że jest Duchem Przeszłych Świąt i zabrał Scrooge'a w przeszłość. Przypomniał mu smutne chwile z jego dawnego życia. Skąpiec ujrzał więc ojca, który znęcał się nad nim, zobaczył śmierć ukochanej siostry oraz inne złe rzeczy. Obejrzawszy wszystko, Scrooge powrócił z Duchem Przeszłych Świąt do domu. Zjawa zniknęła, a skąpiec zasnął. Zegar wybił godzinę pierwszą, a wtedy przybył drugi duch ubrany w białą szatę. Przedstawił się jako Duch Obecnych Świąt. Scrooge zdziwił się, widząc kolejną zjawę, która zabrała go do domu Boba Cratchita. Bob świętował ze swoją rodziną i był bardzo szczęśliwy, mimo że   jego syn był kaleką.

Jednak tak naprawdę mężczyzna ukrywał przed bliskimi swoje prawdziwe uczucia – w głębi serca czuł bowiem ogromny ból, spowodowany nieszczęściem ukochanego dziecka. Następnie duch pokazał Scrooge'owi siostrzeńca Freda, który żywił nadzieję, że wujek pewnego dnia zmieni się na lepsze.

Następnie Duch Obecnych Świąt zabrał skąpca do domu, gdzie Scrooge ponownie zasnął. Po jakimś czasie obudził go trzeci duch – Duch Przyszłych Świąt. Zjawa, odziana w ciemną szatę, była najbardziej przerażająca ze wszystkich. Trzeci duch zabrał Scrooge'a w przyszłość, gdzie starzec zobaczył swoją śmierć w samotności. Ta wizja bardzo go zmartwiła. Zdał sobie sprawę, że dotychczas zachowywał się

bardzo źle i że teraz nadszedł czas, aby zmienić swoje życie. Wydarzenia wigilijnej nocy sprawiły, że Scrooge stał się szczodrym człowiekiem o bardzo dobrym sercu. Zmiana była tak wielka, że skąpiec zaczął przypominać osobę, jaką był w młodości - w czasach, kiedy żyła jego ukochana siostra. Kiedy po świętach Scrooge przybył do kantoru, oznajmił swoim pracownikom, że od dziś już zawsze będzie dla nich miły i uprzejmy. Wszyscy byli bardzo zaskoczeni zmianą, jaka w nim zaszła, jednak cieszyli się niezmiernie, że Ebenezer Scrooge stał się wreszcie dobrym człowiekiem.

Baśnie naszego dzieciństwa
Złotowłosa i trzy
niedźwiadki

Złotowłosa i trzy niedźwiadki

Dawno, dawno temu w małym domku na skraju lasu żyły sobie trzy niedźwiadki: tata niedźwiedź, który był najwyższy, mama niedźwiedzica, która była mniejsza od męża, oraz ich mały synek. Każdego ranka niedźwiedzia mama przygotowywała na śniadanie owsiankę, którą podawała w trzech miseczkach różnej wielkości: dużej, średniej i małej. Pewnego razu tata niedźwiedź zaproponował rodzinie, aby po śniadaniu udali się na spacer w głąb lasu, co też misie chętnie uczyniły. W pobliżu niedźwiedziego domku mieszkała mała dziewczynka, która miała przepiękne

złote włosy i z tego powodu ludzie nazywali ją Złotowłosą. Kochała zbierać kwiaty, po które chodziła na leśną polankę. Któregoś dnia podczas spaceru dziewczynka poczuła się bardzo zmęczona i zrezygnowała ze zrywania kwiatów. Na szczęście spostrzegła nieopodal mały domek. Udała się więc do niego i zapukała do drzwi.
Nie doczekawszy się odpowiedzi, weszła do środka. Nagle poczuła się bardzo głodna. Ku jej zadowoleniu na stole stały

Baśnie naszego dzieciństwa
Złotowłosa i trzy
niedźwiadki

trzy różnej wielkości miseczki, w których misie pozostawiły
resztki owsianki. Dziewczynka postanowiła zjeść z
najmniejszej miseczki, gdyż w niej posiłek był najsłodszy.
Gdy zaspokoiła głód, wygodnie rozsiadła się na najmniejszym
krześle, które niestety złamało się pod jej ciężarem.
Zasmuciło to dziewczynkę. Zdecydowała się pójść na górę,
gdzie znajdowały się trzy łóżka różnej wielkości: małe,

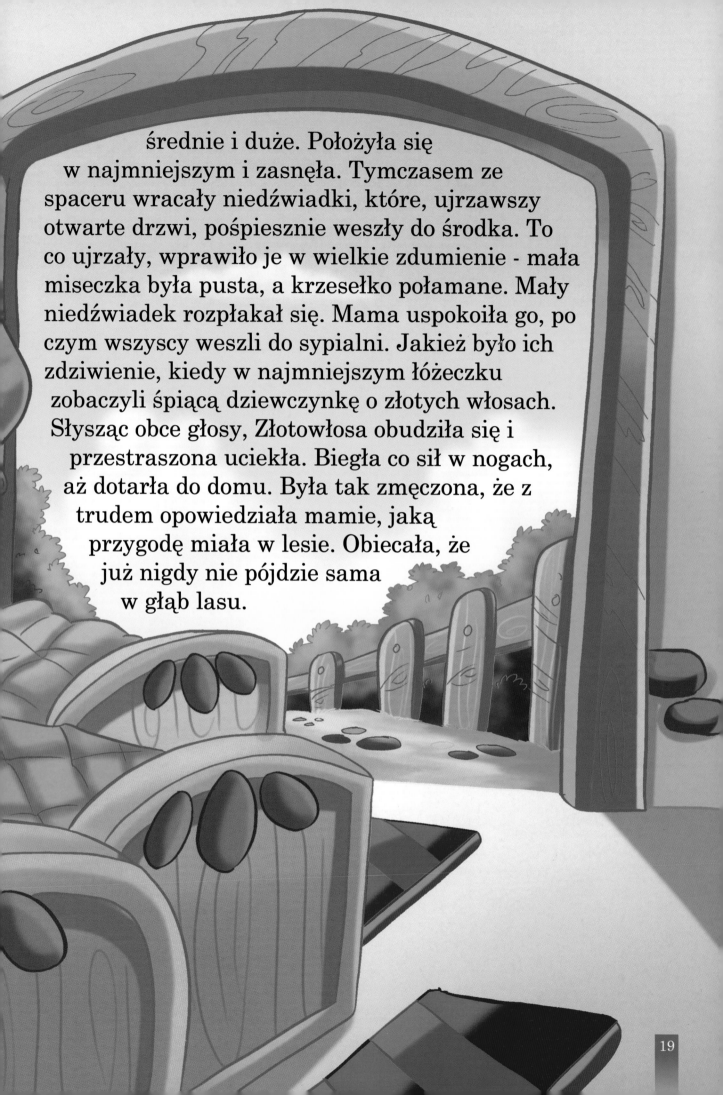

średnie i duże. Położyła się
w najmniejszym i zasnęła. Tymczasem ze
spaceru wracały niedźwiadki, które, ujrzawszy
otwarte drzwi, pośpiesznie weszły do środka. To
co ujrzały, wprawiło je w wielkie zdumienie - mała
miseczka była pusta, a krzesełko połamane. Mały
niedźwiadek rozpłakał się. Mama uspokoiła go, po
czym wszyscy weszli do sypialni. Jakież było ich
zdziwienie, kiedy w najmniejszym łóżeczku
zobaczyli śpiącą dziewczynkę o złotych włosach.
Słysząc obce głosy, Złotowłosa obudziła się i
przestraszona uciekła. Biegła co sił w nogach,
aż dotarła do domu. Była tak zmęczona, że z
trudem opowiedziała mamie, jaką
przygodę miała w lesie. Obiecała, że
już nigdy nie pójdzie sama
w głąb lasu.

Pani Zima

Dawno temu żyła wdowa, która miała dwie córki. Jedna, pasierbica wdowy, była piękna i pracowita jak ojciec, druga zaś brzydka i leniwa, jednak to właśnie tę drugą kobieta kochała bardziej. Piękna dziewczyna musiała zajmować się całym domem wdowy. Każdego dnia przędła, aż z jej palców zaczynała lecieć krew. Któregoś razu wrzeciono zostało tak mocno poplamione krwią, że macocha kazała pasierbicy iść nad strumień i umyć je. Zmęczona dziewczyna poszła i ... wpadła do wody. Po jakimś czasie obudziła się na przepięknej polanie, gdzie stał piec, w którym znajdowały się upieczone bochenki chleba proszące, aby je natychmiast wyjąć. Dziewczyna uczyniła to i zaraz potem stojące nieopodal drzewo poprosiło ją, aby strząsnęła z niego jabłka. Również z tego zadania dziewczyna wywiązała się i ruszyła w dalszą drogę. Dotarła do chatki, w której mieszkała pewna staruszka. Widząc zbliżającego się gościa, kobieta wyszła przed dom. Dziewczynka, ujrzawszy staruszkę, która miała wielkie zęby, zaczęła uciekać. Wówczas stara kobieta, zwana panią Zimą, zawołała dziewczynkę i zaproponowała jej, aby została u niej na służbę.

- Zostań ze mną. Jeżeli będziesz wykonywać swoją pracę solidnie i systematycznie, spotka cię za to nagroda. Pierwszym zadaniem dla ciebie będzie, aby dokładnie pościelić moje łóżko i wytrzepać poduszki i pierzyny. Musisz jednak bardzo uważać, aby nie wyleciało z nich pierze, bo gdy tak się stanie, na ziemię spadnie śnieg.

Dziewczyna zaczęła służbę u pani Zimy, jednak po jakimś czasie odezwała się w niej tęsknota za domem. Poprosiła więc staruszkę, aby pozwoliła jej wrócić do rodziny.

Wówczas kobieta rzekła:

- Możesz już wracać moje dziecko, bowiem

pracowałaś dla mnie długo i ciężko. Kiedy dziewczyna opuszczała chatkę, pani Zima w nagrodę za pracowitość obsypała ją deszczem ze złota. Dziewczyna wróciła do domu cała pokryta złotem. Taki widok niezmiernie ucieszył wdowę. Usłyszawszy historię pasierbicy, kobieta postanowiła wysłać rodzoną córkę do pani Zimy. Niestety, leniwa dziewucha nie chciała ani wyjmować bochenków chleba z pieca, ani strząsać jabłek z drzewa. Staruszka nie była zadowolona z mało pracowitej dziewczyny, więc postanowiła ją ukarać i oblała deszczem smoły.

Piotruś Pan

Wendy, Janek i Michaś Darling mieszkali w Londynie. Pewnej nocy Wendy obudziła się i znalazła dziwnego, płaczącego chłopca, który siedział na podłodze.

- Nazywam się Wendy - powiedziała. - Kim jesteś? Dlaczego płaczesz?

- Nazywam się Piotruś Pan - odpowiedział chłopiec. - Płaczę, ponieważ mój cień nie chce zostać ze mną.

- Nie płacz - powiedziała Wendy. - Możemy to naprawić.
I przyszyła cień Piotrusia do czubka jego butów. Chłopiec był zachwycony.

- Poleć ze mną i moją wróżką Dzwoneczkiem do Nibylandii
- błagał Piotruś. - Mogłabyś zostać naszą mamą.

- Dobrze, ale musisz nauczyć mnie latać - rzekła Wendy. Piotruś skinął głową.

- Chodźmy obudzić Janka i Michasia - powiedziała Wendy.

- Możesz nauczyć nas wszystkich latać, a wtedy razem wyruszymy do Nibylandii!

Wkrótce wszyscy wylecieli przez okno. Wendy, Janek i Michaś dołączyli do Piotrusia Pana i Dzwoneczka. Po niedługim czasie lecieli już nad wyspą.

- Zagubieni Chłopcy mieszkają ze mną i Dzwoneczkiem.
Jestem ich kapitanem - rzekł Piotruś.
- Żyją tam Indianie, natomiast syreny
mieszkają w lagunie. Oprócz tego są

tam piraci z kapitanem Hakiem na czele - dodał.
- Piraci? - zawołali Wendy, Janek i Michaś. Chłopcy
zapragnęli zobaczyć piratów.
- Hak jest najbardziej podłym piratem w historii - ostrzegał
Piotruś - ale boi się krokodyli, ponieważ kiedyś jeden odgryzł
mu rękę. Zwierzęciu tak bardzo posmakowała dłoń, że
podążał za Hakiem.
Piotruś zaprowadził Wendy, Janka i Michasia do swojego
domu w lesie. Weszli do środka przez drzwi ukryte w starym
pniu drzewa. Kiedy Zagubieni Chłopcy ujrzeli Wendy,
krzyknęli:
- Huura! Zostaniesz naszą mamą?
Wendy nie mogła odmówić. Tej nocy
dziewczyna opowiedziała chłopcom
bajkę o Kopciuszku. Życie w domu stało
się bardzo przyjemne. Pewnego dnia
Piotruś i dzieci zaczęli zwiedzać okolice
znajdujące się niedaleko zalewu syren.
Nagle Piotruś krzyknął:
- Piraci! Kryjcie się! Chłopcy zawrócili,
a Piotruś i Wendy zdążyli się schować.
Piraci związali Tygrysią Lilię,
indiańską księżniczkę, a
następnie zostawili ją na
skale w lagunie syren.
Piotruś bał się, że Tygrysia
Lilia utonie, gdy nadejdzie

ogromna fala. Musiał ją uratować! Głosem brzmiącym jak głos kapitana Haka, krzyknął:
- Uwolnijcie ją!
Piraci uwolnili księżniczkę, która szybko popłynęła w kierunku obozu Indian. Kiedy kapitan Hak spostrzegł, że to Piotruś Pan oszukał jego piratów, wściekł się! Tej nocy

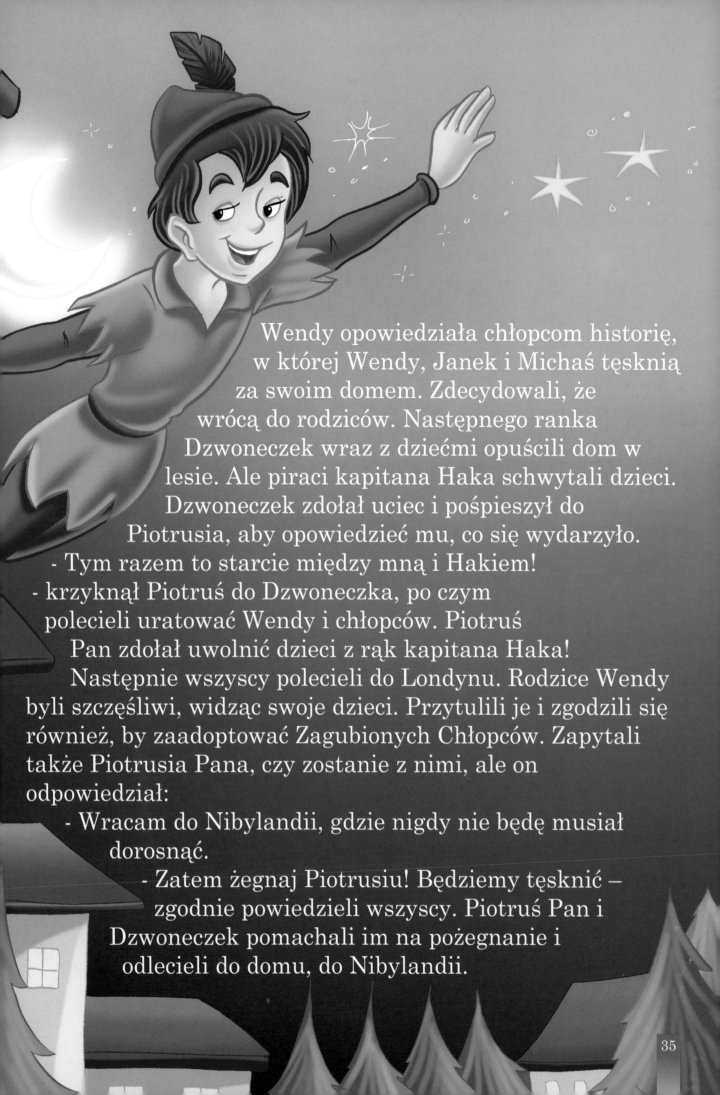

Wendy opowiedziała chłopcom historię, w której Wendy, Janek i Michaś tęsknią za swoim domem. Zdecydowali, że wrócą do rodziców. Następnego ranka Dzwoneczek wraz z dziećmi opuścili dom w lesie. Ale piraci kapitana Haka schwytali dzieci. Dzwoneczek zdołał uciec i pośpieszył do Piotrusia, aby opowiedzieć mu, co się wydarzyło.
- Tym razem to starcie między mną i Hakiem! - krzyknął Piotruś do Dzwoneczka, po czym polecieli uratować Wendy i chłopców. Piotruś Pan zdołał uwolnić dzieci z rąk kapitana Haka!
Następnie wszyscy polecieli do Londynu. Rodzice Wendy byli szczęśliwi, widząc swoje dzieci. Przytulili je i zgodzili się również, by zaadoptować Zagubionych Chłopców. Zapytali także Piotrusia Pana, czy zostanie z nimi, ale on odpowiedział:
- Wracam do Nibylandii, gdzie nigdy nie będę musiał dorosnąć.
- Zatem żegnaj Piotrusiu! Będziemy tęsknić – zgodnie powiedzieli wszyscy. Piotruś Pan i Dzwoneczek pomachali im na pożegnanie i odlecieli do domu, do Nibylandii.

Pinokio

Dawno, dawno temu żył sobie biedny stolarz o imieniu Geppetto, który robił pajacyki.
- Czy chcesz być moim małym chłopcem? Będę cię nazywał Pinokio - zapytał kukiełkę, którą właśnie tworzył. Kiedy Geppetto skończył strugać, Pinokio zamienił się w żywego pajacyka, który potrafił mówić i zachowywał się jak prawdziwy chłopiec. Stolarz rzekł do Pinokia:
- Od jutra zaczniesz chodzić do szkoły.

Następnego dnia w drodze do szkoły Pinokio zatrzymał się, ponieważ ujrzał ludzi zgromadzonych wokół teatrzyku kukiełkowego.

- Potrafię tańczyć i śpiewać ładniej niż te kukły - stwierdził Pinokio i wskoczył na scenę.

- Złaź z mojej sceny! - ryknął Mistrz Kukiełkowy. Jednak kiedy zauważył, że Pinokio wzbudza ogromne zainteresowanie tłumu, pozwolił mu zostać.

Po skończonym przedstawieniu Kukiełkowy Mistrz dał
Pinokiowi pięć miedziaków w ramach zapłaty i chłopiec
ruszył dalej.

Po drodze spotkał kulawego Lisa i ślepego Kota, którzy
zaproponowali mu, że zostaną jego przyjaciółmi, jednakże
Pinokio odmówił.

Mimo to Kot i Lis nalegali. Całe wydarzenie obserwowała
Wróżka, która postanowiła pomóc Pinokiowi. Wysłała
swojego groźnego psa Rufusa, a ten pogonił czym prędzej
Lisa i Kota. Wróżka zaś zabrała pajacyka do zamku.

W zamku Rufus zapytał Pinokia:

- Dlaczego nie chodzisz do szkoły?

- Chodzę - odpowiedział Pinokio i nagle jego nos zaczął rosnąć niczym gałązka na drzewie.
- Co się dzieje z moim nosem? - zapłakał Pinokio.
- Za każdym razem kiedy będziesz kłamał, twój nos będzie rósł, natomiast kiedy powiesz prawdę, będzie się kurczył - powiedziała Wróżka.
- Pinokio, możesz stać się prawdziwym chłopcem tylko wtedy, kiedy nauczysz się być odważny, uczciwy i hojny.
Po tych słowach Wróżka nakazała mu wracać do domu.
Niestety, nie był to koniec przygód biednego Pinokia.
W drodze powrotnej pajacyk spotkał kilku chłopców, którzy zaproponowali mu, aby udał się z nimi do cudownego miejsca pełnego zabaw, cukierków i cyrków.

Nie wiedzieli, że jeśli będą niegrzeczni, zamienią się w osły.
Tak też się wkrótce stało.
- Oto, co dzieje się z niegrzecznymi chłopcami - powiedział
Kukiełkowy Mistrz i pozwolił Pinokiowi uciec.

Gdyby Pinokio pozostał w lesie i jemu wyrosłyby ośle uszy.
Kukiełkowy Mistrz nie mógł wysłać Pinokia do żadnego
obiecywanego przez chłopców cyrku, więc pajacyk skierował
się w stronę morza. Jednak tam czyhało na niego wielkie
niebezpieczeństwo. Biedny chłopiec wpadł do morza i został
połknięty przez rekina. Bestia wciągnęła go do brzucha.

- Gdzie ja jestem? - wołał przestraszony
pajacyk.

- Pinokio, czy to ty? - zapytał
zmęczony Geppetto, który
rzuciwszy się na pomoc
chłopczykowi, sam wpadł do
ogromnego brzucha rekina. Pinokio
ucieszył się, słysząc głos
stolarza.

Razem z Geppettem
wydostali się z brzucha
strasznego rekina i
szczęśliwie powrócili do
domu.

- Pinokio, dzisiaj byłeś niezwykle odważny, uczciwy i
hojny - rzekł Geppetto.
- Tak, ojcze - odparł Pinokio - od dzisiaj jestem już
prawdziwym chłopcem!

Baśnie naszego dzieciństwa
Wilk i siedem
koźlątek

Wilk i siedem koźlątek

Dawno, dawno temu żyła sobie koza, która miała siedmioro dzieci. Zawsze, kiedy wychodziła z domu, aby zdobyć pożywienie, ostrzegała swoje maleństwa:

- Musicie uważać na wilka! Rozpoznacie go po zachrypniętym głosie i czarnych łapach. Bądźcie czujne moje kochane dzieci! - po czym wyruszyła do lasu.

Wilk nie tracił czasu i gdy tylko koza oddaliła się, poszedł do domu koźlątek i zaczął je wołać.

Małe kózki odpowiedziały mu:

- Idź stąd! Masz zachrypnięty głos. Jesteś wilkiem!

Wilk udał się więc do sklepu i kupił wielki kawałek kredy, który zjadł, aby jego głos stał się cieńszy. Wrócił do chatki koźląt. Zapukał do drzwi, podając się za ich mamę, jednak maluchy nie otworzyły mu, bowiem przez okno ujrzały czarne łapska łotra i rzekły:

- Idź stąd, twoje łapy są czarne. Jesteś wilkiem!

Zły wilk pobiegł do pobliskiego piekarza.

Baśnie naszego dzieciństwa
Wilk i siedem
koźlątek

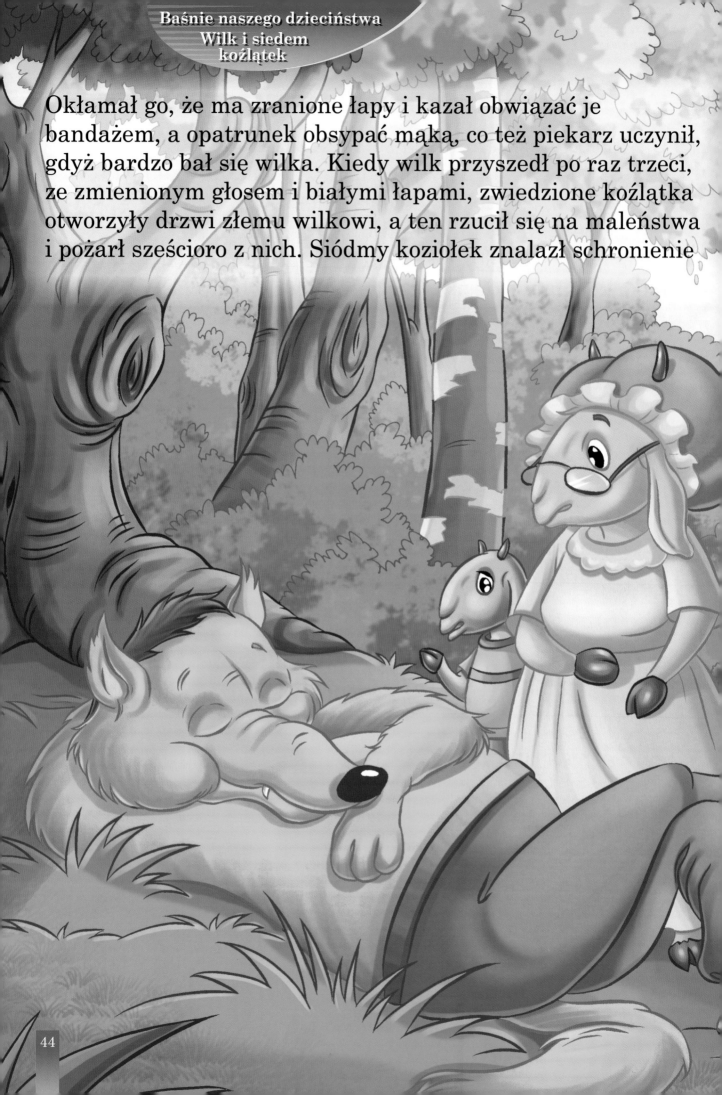

Okłamał go, że ma zranione łapy i kazał obwiązać je bandażem, a opatrunek obsypać mąką, co też piekarz uczynił, gdyż bardzo bał się wilka. Kiedy wilk przyszedł po raz trzeci, ze zmienionym głosem i białymi łapami, zwiedzione koźlątka otworzyły drzwi złemu wilkowi, a ten rzucił się na maleństwa i pożarł sześcioro z nich. Siódmy koziołek znalazł schronienie w starym pudle na zegar. Po niedługim czasie wróciła mama koźlątek. Widok otwartych drzwi zaniepokoił ją. Stół i krzesła były połamane, naczynia potłuczone, a pościel zrzucona z łóżek. Przerażona koza zaczęła wołać swoje dzieci, lecz żadne nie odpowiadało! Dopiero po chwili z pudła na zegar dało się usłyszeć zapłakany głosik najmłodszego koźlątka:

- Mamo, to ty? Jestem tutaj.

Matka pomogła dziecku wydostać się z pudła i wysłuchała strasznej historii o tym, jak wilk pożarł sześcioro koźlątek. Postanowiła odnaleźć łotra i odzyskać swoje dzieci. Ruszyła na poszukiwania i kiedy przechodziła przez łąkę, ujrzała wilka śpiącego pod drzewem. Przyjrzała mu się uważnie z każdej strony i zobaczyła, że jej dzieci uwięzione są w wilczym brzuchu. Wysłała więc siódme dziecko do domu po igłę, nici i nożyce. Następnie przecięła brzuch złoczyńcy i wówczas wyskoczyło z niego sześcioro żywych koźlątek. Koza razem z dziećmi wypchali wilkowi brzuch dużymi kamieniami i zszyli zwierzę. Kiedy wilk się obudził, poczuł silne pragnienie. Wstał i ruszył w kierunku strumienia. Wówczas kamienie w jego brzuchu przesunęły się i wilk wpadł do strumienia i utopił się. Szczęśliwe koźlęta wróciły z mamą do domu i już nigdy nie musiały bać się złego wilka.

Czarnoksiężnik z krainy Oz

Dawno, dawno temu w Ameryce żyła sobie
mała dziewczynka o imieniu Dorotka, która
mieszkała razem z wujkiem i ciocią. Ich dom stał w miejscu,
gdzie spotykały się wiatr północny i południowy.
Byli to uczciwi ludzie, którzy ciężko pracowali,
lecz na ich twarzach nigdy nie gościł uśmiech.
Jedyną radość sprawiał
Dorotce czarny piesek o
imieniu Toto, którego kochała
z całego serca. Pewnego ranka
niebo spowiły chmury i
zaczął wiać silny wiatr.
Nagle cały dom zaczął się
trząść, Dorotka zdążyła
jedynie złapać Toto i wtedy
budynek wzleciał w powietrze.

Ze strachu dziewczynka zasnęła, a gdy
się obudziła, dookoła było już

spokojnie. Po otwarciu drzwi ujrzała przepiękne miejsce z owocowymi drzewami, ptactwem i kwiatami. Wówczas do Dorotki podeszła piękna kobieta i powiedziała:

-Witamy w krainie Oz. Twój dom spadł na Złą Czarownicę ze Wschodu.

Piękna kobieta okazała się być Dobrą Czarownicą z Północy. Powiedziała Dorotce, że jedynym sposobem na powrót do domu jest odnalezienie Czarnoksiężnika z krainy Oz i uzyskanie od niego pomocy. Czarownica pocałowała dziewczynkę i podarowała jej parę magicznych bucików. Wędrując, Dorotka napotkała na swojej drodze Stracha na Wróble, który pragnął dostać od Czarnoksiężnika rozum. Potem spotkała Blaszanego Drwala, który marzył o posiadaniu serca i Tchórzliwego Lwa, który pragnął być odważny. Szli więc razem i dotarli do Szmaragdowego Grodu – miejsca, gdzie znajdował się zamek Czarnoksiężnika z krainy Oz. Czarnoksiężnik był gotów pomóc im wszystkim pod warunkiem, że zgładzą Złą Czarownicę z Zachodu.

Wyruszyli więc, by stawić czoła straszliwej wiedźmie.
Gdy Czarownica dowiedziała się o ich zamiarach, wysłała
przeciwko nim stado wilków, lecz Blaszany Drwal pokonał je
wszystkie. Następnie przeciw czwórce przyjaciół wysłała trzy
Skrzydlate Małpy. Blaszany Drwal
i Strach na Wróble w starciu z
nimi odnieśli poważne rany,

Stoliczku, nakryj się!

Żył kiedyś pewien krawiec, który miał trzech synów i jedną jedyną kozę. Codziennie była wyprowadzana na pastwisko. Pewnego dnia najstarszy syn zaprowadził ją na łąkę, gdzie było mnóstwo trawy. Koza zjadła wszystko, więc pastuszek zapytał ją:

- Najadłaś się?

- Tak - odpowiedziała koza. W nocy krawiec poszedł do obory i zapytał zwierzę, czy jest najedzone. Koza skłamała, że nie. Ta sama historia przydarzyła się pozostałym braciom – paśli kozę na kwiecistych łąkach przez całe dnie, a koza skarżyła się krawcowi, że jest głodna.

Mężczyzna zdenerwował się na synów i wygonił ich z domu. Od tej pory sam wyprowadzał zwierzę. Szybko zorientował się, że koza okłamywała go, zobaczył bowiem jak wiele jadła, a mimo to twierdziła, że jest głodna. Wściekły zbił zwierzę, które uciekło do lasu i już nigdy nie zbliżyło się do domu krawca.

Tymczasem najstarszy syn udał się na naukę do stolarza. Kiedy jego termin dobiegał końca, mistrz dał chłopcu magiczny stół. Wystarczyło powiedzieć do niego: „Stoliczku, nakryj się!", a wtedy na stole pojawiało się dużo pysznego jedzenia i napojów. Chłopak ucieszył się wielce z takiego prezentu. Oznaczało to bowiem, że przestanie martwić się o to, czy będzie miał co jeść i pić. Wracając do domu, zatrzymał się na noc w gospodzie. Właściciel gospody, ujrzawszy zaczarowany stolik, postanowił go podmienić. Gdy najstarszy syn wrócił do domu, ojciec bardzo się ucieszył. Młody stolarz pokazał ojcu stolik i powiedział o jego cudownych właściwościach. Wypowiedział magiczne słowa, ale stolik nie nakrył się jedzeniem. Chłopak zdał sobie sprawę, że właściciel gospody podmienił mu stolik. Biedaczek - nie pozostało mu nic innego, jak wrócić do warsztatu stolarza i podjąć pracę, aby zarobić na chleb. Drugi syn udał się na naukę do młynarza. Gdy kończyło się jego przyuczanie, młynarz dał mu osiołka. Wystarczyło rozłożyć przed

nim płachtę i zawołać: „Osiołku, kładź się!", a wtedy ze zwierzęcia zaczynały wysypywać się złote monety. Młody młynarz ucieszył się, że nie będzie już musiał pracować i postanowił wrócić do domu. Po drodze zatrzymał się w tej samej gospodzie, co najstarszy brat. Gospodarz, zobaczywszy osła, który wypluwa dukaty, podmienił go nocą na zwykłego osła. Gdy drugi syn wrócił do domu, ojciec bardzo się uradował. Chłopak opowiedział o zaletach osiołka i wypowiedział zaklęcie, jednak zwierzę nie reagowało. Młynarz doszedł do wniosku, że karczmarz podmienił mu osiołka. Nie pozostawało mu nic innego, jak wrócić do młyna i podjąć pracę. Trzeci, najmłodszy z braci, udał się do tokarza, aby zdobyć zawód. Bracia pisali do niego listy,

- Jesteś taki podobny do mnie. Mam pomysł, abyśmy zamienili się na jakiś czas miejscami, bowiem życie w pałacu strasznie mnie męczy. Chciałbym posmakować czegoś nowego. Tomowi bardzo się taki pomysł spodobał i - nie czekając dłużej - chłopcy zamienili się ubraniami. Od tej chwili książę był żebrakiem, a żebrak Tom - księciem. Edward pobiegł na chwilę do pałacu i właśnie wtedy do Toma, przebranego za księcia, podszedł król i zapytał:

- Dlaczego stoisz przed pałacem, synu? Tom opowiedział królowi historię o zamianie ról, jednak król w to nie uwierzył i pomyślał, że jego dziecko postradało rozum. Zabrał chłopca do pałacu i wezwał królewskiego medyka. Trzeba przyznać, że pomysł chłopców nie był do końca przemyślany. Obaj nie zdawali sobie sprawy z konsekwencji swoich czynów. Po krótkim czasie spędzonym w pałacu Tom zaczął rozumieć, że życie bogaczy, którego zawsze im zazdrościł, wcale nie jest takie proste i bezproblemowe. Teraz pojął, że każdy człowiek ma swoje problemy i troski, tylko natura problemów jest inna.

Również Edwardowi znudziło się życie żebraka, zaczęła doskwierać mu bieda i ubóstwo. Na powrót chciał żyć w luksusie i bogactwie. Zamiana ról sprawiła, że stał się silniejszy psychicznie i nie bał się stawiać czoła problemom, wiedział, że zawsze da sobie radę. Młodzieńcy ponownie zamienili się i każdy powrócił do swojego prawdziwego domu. Po pewnym czasie stary król zmarł. Niestety Edward był za młody, aby objąć królewski tron i pozostać w pałacu. Nie przejął się tym jednak, gdyż umiał radzić sobie z przeciwnościami losu i wybudował nowy pałac, w którym zamieszkał. Toma zaś uczynił ministrem w swoim królestwie.

Dziewczynka z zapałkami

Pewnego razu była sobie mała, biedna dziewczynka, która błąkała się po ulicach. Był ostatni dzień roku, na dworze zrobiło się przeraźliwie zimno i padał śnieg, a dziewczynka nie miała nawet butów na nogach. W rękach trzymała paczki zapałek, które ojciec kazał jej sprzedać. Jednak przez cały dzień nikt nie chciał od niej nic kupić. Idąc wzdłuż ulicy, trzęsła się z zimna i głodu. Bose stópki posiniały, a długie włosy stały się mokre od padających płatków śniegu, które sprawiły, że włosy na ramionach pozwijały się w loki.

Światła paliły się w każdym oknie. Wszędzie unosił się zapach pieczonej gęsi, przygotowywanej na kolację sylwestrową. W głębi ulicy, między dwoma domami, stał jeden, który wyglądał inaczej niż pozostałe. Był to dom biednej dziewczynki, jednak ona nie miała odwagi do niego wracać, ponieważ nie

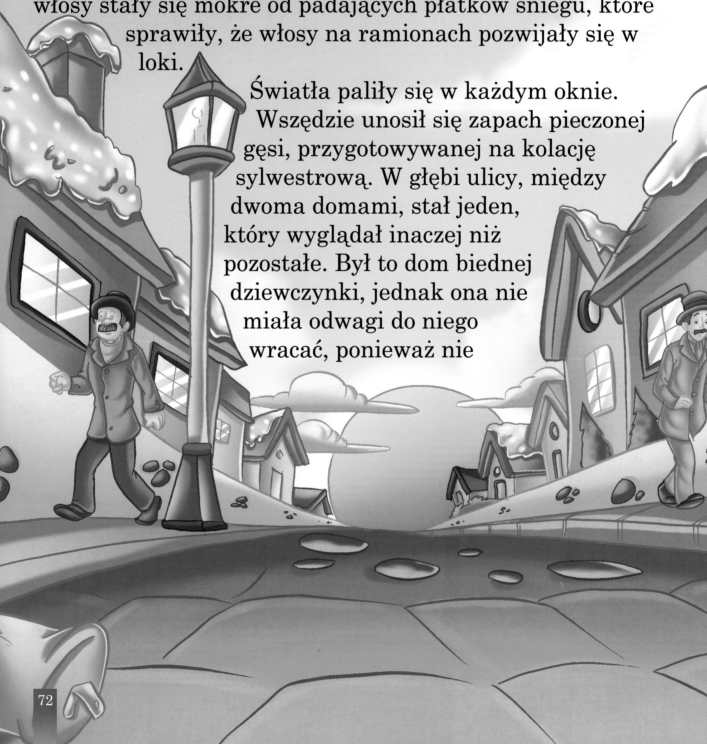

sprzedała ani jednej paczki zapałek i nie dostała ani grosza. Wiedziała, że ojciec na pewno ją zbije. Śnieg padał coraz mocniej, wiatr wiał coraz silniejszy i dziewczynka nie mogła wytrzymać z zimna. Ponieważ jej małe dłonie skostniały, wyciągnęła zapałkę i zapaliła ją. Dawała ona ciepło niczym

mała świeca. Światło było naprawdę magiczne i sprawiało, że
małej dziewczynce wydawało się, że siedzi przy dużym,
żelaznym piecu z mosiężnymi, wypolerowanymi nogami i
mosiężnymi zdobieniami. Wyciągnęła stopy i ramiona w jego
stronę, aby się ogrzać. Nagle piec zniknął, a dziewczynce
pozostała w dłoni na wpół spalona zapałka.

Potarła więc inną zapałkę o ścianę i zrobiło się tak jasno, że
światło padające na ścianę uczyniło ją przezroczystą jak
szkło, więc dziewczynka mogła zajrzeć do pokoju. Znajdował
się w nim stół nakryty śnieżnobiałym obrusem, na którym
stała wspaniała zastawa oraz obiad składający się z

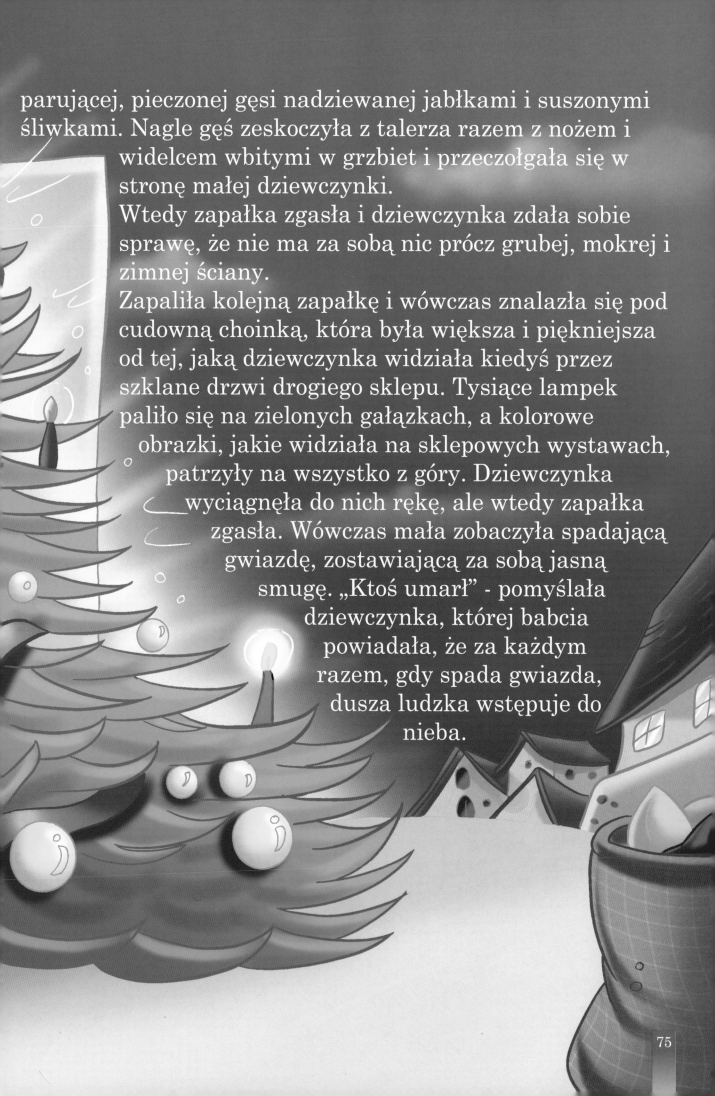

parującej, pieczonej gęsi nadziewanej jabłkami i suszonymi śliwkami. Nagle gęś zeskoczyła z talerza razem z nożem i widelcem wbitymi w grzbiet i przeczołgała się w stronę małej dziewczynki.

Wtedy zapałka zgasła i dziewczynka zdała sobie sprawę, że nie ma za sobą nic prócz grubej, mokrej i zimnej ściany.

Zapaliła kolejną zapałkę i wówczas znalazła się pod cudowną choinką, która była większa i piękniejsza od tej, jaką dziewczynka widziała kiedyś przez szklane drzwi drogiego sklepu. Tysiące lampek paliło się na zielonych gałązkach, a kolorowe obrazki, jakie widziała na sklepowych wystawach, patrzyły na wszystko z góry. Dziewczynka wyciągnęła do nich rękę, ale wtedy zapałka zgasła. Wówczas mała zobaczyła spadającą gwiazdę, zostawiającą za sobą jasną smugę. „Ktoś umarł" - pomyślała dziewczynka, której babcia powiadała, że za każdym razem, gdy spada gwiazda, dusza ludzka wstępuje do nieba.

Babcia już nie żyła, ale wnuczka pamiętała o niej, bo była to jedyna osoba, która naprawdę ją kochała. Dziewczynka kolejny raz potarła zapałkę o ścianę i światło rozbłysło wokół niej. W poświacie zjawiła się babcia - jasna, promieniejąca blaskiem, łagodna i kochająca.

- Babciu - zapłakała zdziwiona dziewczynka - proszę, zabierz mnie ze sobą. Nie zostawiaj mnie! Wiem, że odejdziesz, kiedy zapałka zgaśnie. Znikniesz tak jak ciepły piecyk, pieczona gęś czy wspaniała choinka. W pośpiechu zapaliła całą wiązkę zapałek, aby zatrzymać babcię przy sobie. Zapałki zapłonęły światłem tak mocnym, że było jaśniej niż w południe. Babcia wydawała się większa i piękniejsza niż przedtem.Wzięła wnuczkę w ramiona i razem wzleciały do Boga.
Następnego dnia, w noworoczny poranek znaleziono

martwą dziewczynkę leżącą pod ścianą i trzymającą na wpół spaloną wiązkę zapałek. „Pewnie mała chciała się ogrzać" - mówili przechodnie. Nikt nie zdawał sobie sprawy, jak cudowne rzeczy widziała przed śmiercią oraz że razem z babcią wstąpiły do nieba.

Magiczna lampa Aladyna

Działo się to w dawnych czasach, w odległych krainach. Żył wtedy chłopiec o imieniu Aladyn, który był synem krawca Mustafy. Pewnego razu, kiedy Aladyn bawił się z przyjaciółmi, podszedł do niego nieznajomy i powiedział, że jest jego wujkiem. Jednak w rzeczywistości był to czarodziej. Aladyn zaprosił wujka do domu i razem z matką postanowili przenocować gościa. Następnego dnia magik zabrał Aladyna w bardzo dziwne i tajemnicze miejsce, jakim była jaskinia. Wręczył mu pierścień i rozkazał wejść do jaskini. Aladyn nie był pewny, czy może zaufać czarodziejowi, jednak dał się przekonać, tym bardziej, że w jaskini miał czekać na niego skarb. I tak też było - w grocie Aladyn znalazł złoty owoc i starą lampę. Zabrał rzeczy i już zawracał, kiedy czarodziej kazał mu oddać skarby. Chłopiec nie zgodził się, więc został zamknięty w jaskini. Nie zasmuciło go to jednak, gdyż przypomniał sobie, że ma magiczny pierścień. Potarł go, a wtedy ukazał się przed nim dżinn i zapytał:

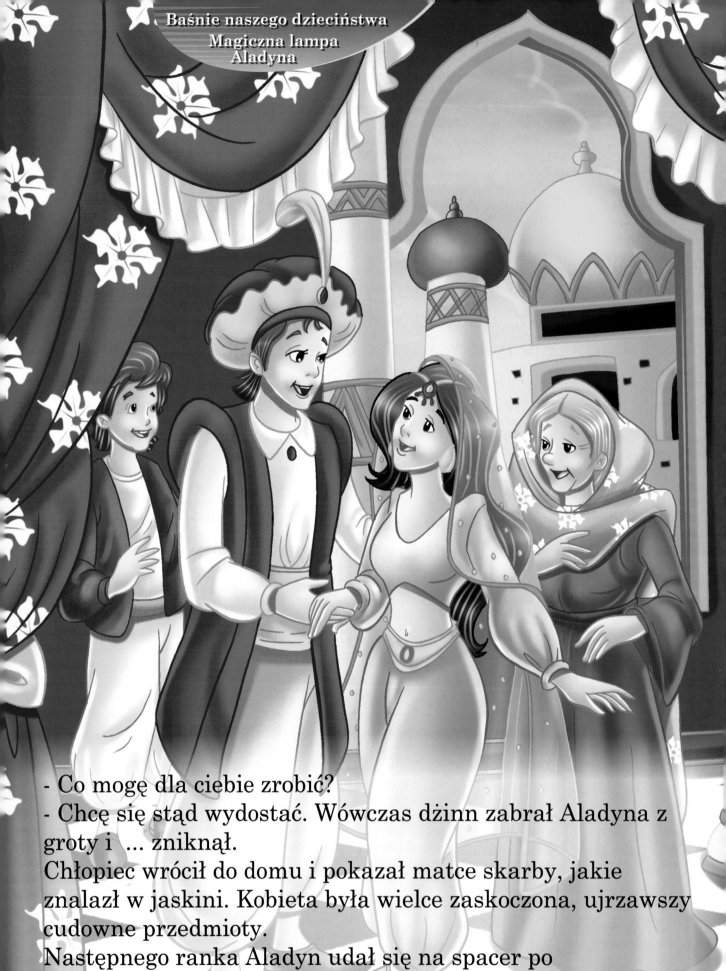

- Co mogę dla ciebie zrobić?
- Chcę się stąd wydostać. Wówczas dżinn zabrał Aladyna z
groty i ... zniknął.
Chłopiec wrócił do domu i pokazał matce skarby, jakie
znalazł w jaskini. Kobieta była wielce zaskoczona, ujrzawszy
cudowne przedmioty.
Następnego ranka Aladyn udał się na spacer po
okolicy. Spotkał wtedy przepiękną dziewczynę - córkę sułtana
- i zakochał się!

Okazało się, że zmarły afrykański czarownik miał brata, który postanowił zabić Aladyna. Przebrany za wróżkę, dotarł do pałacu Aladyna. Krążył po dziedzińcu, przepowiadając ludziom przyszłość. Kiedy księżniczka usłyszała o przybyszu, również zapragnęła, aby jej powróżył, jednak ten rzucił na nią urok. Tymczasem z polowania wrócił Aladyn i zastał żonę chorą w łóżku. Dowiedziawszy się o fałszywej wróżce, postanowił przywołać dżinna i rozprawić się z nieproszonym gościem. Książę, chwyciwszy nóż, wyszedł na spotkanie z wróżką. Zbliżył się do niej pod pretekstem wysłuchania wróżby dla siebie, po czym wbił złemu czarownikowi ostrze prosto w serce. Po śmierci złego czarownika Aladyn z żoną żyli długo i szczęśliwie.

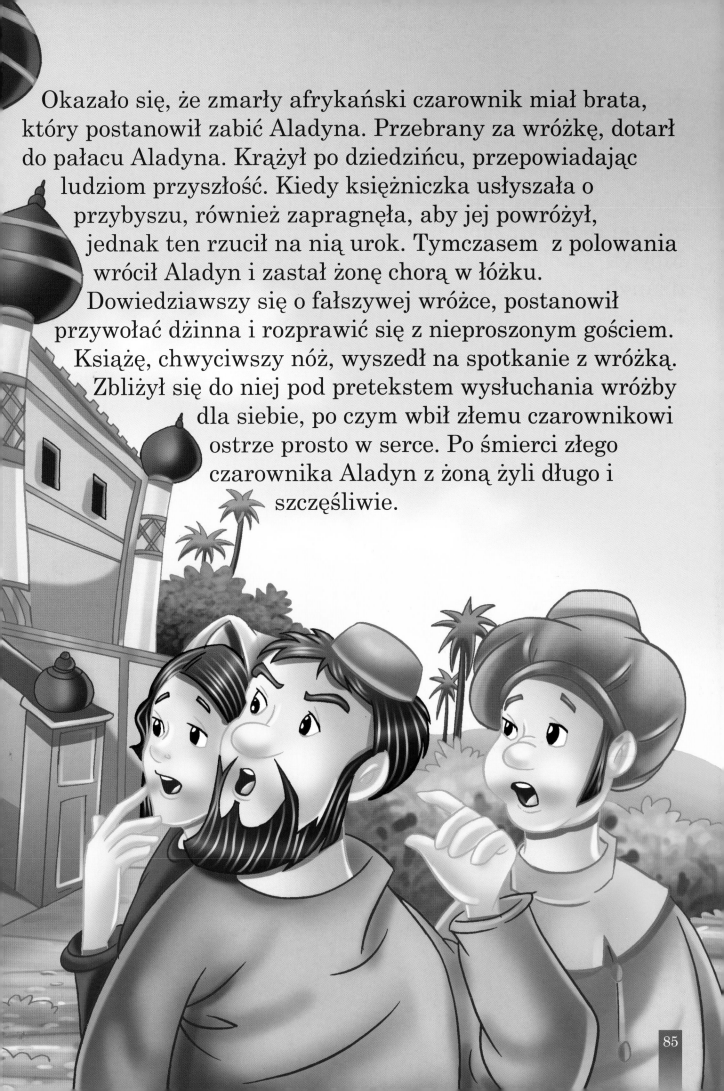

Księga dżungli

Na seeoneńskich wzgórzach żyła wilcza rodzina. Pewnego dnia usłyszeli głos małego dziecka, dobiegający z buszu. Matka Wilczyca i Ojciec Wilk postanowili przygarnąć małe do wilczej rodziny i zaopiekować się nim. Nazwali chłopca Mowgil. Zwołali naradę wszystkich zwierząt żyjących w dżungli i obwieścili im, że wypuszczą dziecko na wolność, kiedy będzie wystarczająco duże. Przez ten czas nie wolno mu robić krzywdy. Wilczy rodzice bali się, aby Shere Khan – groźny tygrys – nie zabił dziecka. Jednak przywódca wilczego stada – Akela – powiedział, że przynajmniej dwa zwierzęta muszą zgodzić się, aby Mowgil pozostał w dżungli. Niedźwiedź Baloo i czarna pantera Bagheera stanęły po stronie chłopca i zaakceptowały go jako

członka ich społeczności. Z taką decyzją nie chciał zgodzić się
Shere Khan i zaczął knuć przeciwko starzejącemu się Akeli.
Wiedział, że stary wilk traci pozycję w grupie i zaproponował,
aby ktoś nowy został przywódcą stada. Bagheera zaczęła się
domyślać, że Shere Khan ma złe zamiary.
Przebiegły tygrys postanowił jak najszybciej pozbawić władzy
Akelę oraz pozbyć się Mowgila z dżungli. Obmyślił chytry
plan, aby wysłać chłopca do innej wioski po ogień. Pod
nieobecność dziecka Shere Khan napadł ze swoją szajką na

Akelę, ale nic nie udało im się zrobić, gdyż w porę wrócił Mowgil z ogniem i rzucił nim w złoczyńców. W ten sposób Akela został uratowany. Po tym zdarzeniu Baloo wyjaśnił Mowgilowi prawa rządzące dżunglą. Niestety, chłopiec nie potraktował nauk niedźwiedzia poważnie i pewnego razu został porwany przez małpy, z którymi tak chętnie się bawił. Zauważył to Kaa - wąż - postrach małp, który zawołał na pomoc Baloo i Bagheerę i cała trójka uratowała chłopca z małpiej niewoli.

Po tym incydencie Mowgil postanowił opuścić seeoneńskie wzgórza i wyruszył na poszukiwanie nowego domu. Dotarł do wsi, w której mieszkała kobieta imieniem Messua. Okazała litość i nakarmiła chłopca. Za namową proboszcza pozwoliła chłopcu zamieszkać u siebie. Kobieta zauważyła, że chłopiec wygląda jak jej syn, którego dawno temu porwały tygrysy. Messua nigdy nie pogodziła się ze stratą dziecka.

Mowgil podczas pobytu w domu Messui zaczął zachowywać się tak jak ludzie. Przysłuchując się rozmowom domowników, nauczył się mówić. Jedynym nawykiem, jakiego nie mógł się pozbyć, było spanie na dworze. Wieczorami wykradał się przez okno do swojego legowiska znajdującego się poza wsią. Któregoś wieczoru Mowgil zauważył, że ktoś skrada się w ciemnościach. Okazało się, że był to starszy syn Matki Wilczycy – Szary Brat. Przyszedł ostrzec Mowgila przed zbliżającym się niebezpieczeństwem. Wiedział, że Shere Khan chce zabić chłopca. Mowgil nie przeląkł się i dzięki ostrzeżeniom Szarego Brata przygotował się do ataku. Namówił stado byków, aby staranowały łotra i Shere Khan zginął na miejscu. Mowgil zdjął skórę z tygrysa i powiesił na Skale Narady, co było znakiem dla zwierząt mieszkających w dżungli, że niebezpieczny Shere Khan nie żyje. Zwierzęta cieszyły się, że niebezpieczeństwo minęło.

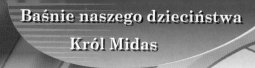

Król Midas

Dawno temu żył król imieniem Midas. Miał małą córkę, która nazywała się Nagietek. Król pragnął mieć więcej złota niż inni królowie na świecie. Pewnego dnia, kiedy przebywał w swojej złotej komnacie, licząc pieniądze, piękna wróżka pojawiła się przed nim i powiedziała:

- Midasie, nie ma króla, który ma tyle złota co ty!
- Być może - odpowiedział król. - Jak widzisz,
mam pokój pełen złota, ale chciałbym mieć dużo
więcej, złoto jest najpiękniejszą rzeczą na świecie.
- Gdybym mogła spełnić jedno twoje życzenie - rzekła
wróżka - czy poprosiłbyś o większą ilość złota?
- Jeśli mógłbym mieć choć jedno życzenie - powiedział król -
poprosiłbym o to, aby wszystko czego dotknę, zamieniało się
w złoto.
- Twoje życzenie zostanie spełnione - powiedziała wróżka.
- Od jutrzejszego ranka twój najdelikatniejszy dotyk
zamieni wszystko w złoto. Ale ostrzegam - ten dar
unieszczęśliwi cię.
- Podejmę to ryzyko - powiedział król.
Następnego dnia król Midas obudził się bardzo wcześnie.
Chciał sprawdzić, czy spełnią się słowa wróżki. Zaczął
dotykać rzeczy znajdujące się wokół niego i te rzeczy
naprawdę zamieniały się w złoto. Jedzenie i
woda przemieniały się pod wpływem
najdelikatniejszego dotyku. Wkrótce wszędzie
było pełno złota. Niedługo potem jego mała
córka przybiegła z ogrodu. Pocałował ją, a
ona błyskawicznie zamieniła się

w złoty posąg. To wydarzenie pozbawiło Midasa całej radości życia. Wielce zasmucony wezwał wróżkę.

- Wróżko! – błagał - zabierz te okropne złote podarunki i oddaj mi moją małą córeczkę!

 W tym momencie wróżka stanęła przed nim i zapytała:

- Czy jesteś pewien, że nie chcesz dłużej, żeby twój dotyk zamieniał wszystko w złoto?

- Tak, jestem tego pewien – odpowiedział król.

- Dobrze - oznajmiła wróżka - weź ten dzban i napełnij go wodą. Następnie skrop nią wszystkie rzeczy, których dotknąłeś, a które zamieniły się w złoto.

Król wypełnił dzban wodą i polał głowę ukochanej córeczki. Posąg natychmiast zamienił się w jego prawdziwe dziecko. Władca polewał wodą wszystkie rzeczy, które zamienił w złoto, a one stawały się jego oryginalnymi rzeczami. Król już nigdy więcej nie pożądał złota.

szczęście znalazł pływające puste beczki i uczepił się jednej
z nich. Dryfując z wiatrem i prądem, dotarł do wyspy.
Kiedy wyszedł z morza, ujrzał klacz
przywiązaną do pnia. Wtedy zjawił się człowiek,
który zabrał go do jaskini, gdzie zaproponował
mu coś do jedzenia. Sinbad opowiedział mu o
swojej przygodzie, a mężczyzna słuchał go w
zadumie. Powiedział Sinbadowi, że kiedyś był
stajennym króla Mihragian. Kiedy opowieść dobiegła
końca, mężczyźni wyprowadzili klacze na plażę, by
te mogły spotkać się z morskimi końmi.
Dawny stajenny wprowadził Sinbada do grona
swoich przyjaciół, którzy serdecznie go

powitali. Następnie, gdy wrócili do miasta, mężczyzna opowiedział królowi o przygodzie Sinbada. Władca obsypał gościa prezentami i mianował kapitanem portu. Jednak po pewnym czasie Sinbad poczuł tęsknotę za domem i za każdym razem kiedy przypływał statek, pytał kapitanów, czy płyną do Bagdadu. Któregoś dnia zauważył na statku związany ładunek. Kapitan opowiedział Sinbadowi o towarach i ich właścicielu, który zaginął na morzu i prawdopodobnie utonął. Sinbad poszedł sprawdzić, czy może je sprzedać i wziąć pieniądze, by wrócić do swojej rodziny w Bagdadzie.

- Jak nazywał się człowiek, który zaginął? - zapytał.
- Żeglarz Sinbad - odpowiedział kapitan. W tym momencie Sinbad wykrzyknął:

- Ja jestem żeglarzem Sinbadem!

- Cóż za historia! Nigdy nie słyszałem czegoś podobnego! - zawołał kapitan.

- Czy nie ma uczciwych ludzi na tym świecie?

otwórz się!". Jaskinia otworzyła się. Ali Baba wszedł do środka i ujrzał ogromne ilości skarbów, po czym napełnił swoje worki złotem.

Po wyjściu krzyknął: „Sezamie, zamknij się!". Jaskinia zamknęła się, a on wrócił do domu. Opowiedział wszystko swojej żonie, która postanowiła zważyć zdobyte monety. Przyniosła wagę od Kassima, brata Ali Baby i po użyciu oddała ją. Żonę Kassima zdziwił widok złotej monety przyklejonej do wosku na jednej z szal. Wspomniała o tym mężowi. Ten poszedł do Ali Baby, który opowiedział Kassimowi całą historię i poprosił o utrzymanie jej w tajemnicy. Ale Kassim nie wytrzymał długo. Poszedł do jaskini i głośno zawołał: „Sezamie, otwórz się!". Jaskinia

Baśnie naszego dzieciństwa
Ali Baba i czterdziestu
rozbójników

Przygody Robin Hooda

Dawno temu żył w Anglii uzdolniony łucznik zwany Robin Hoodem. Kiedy Robin miał osiemnaście lat, szeryf z Nottingham zorganizował zawody łucznictwa. Robin chciał w nich uczestniczyć. W drodze na turniej spotkał kilku leśników, którzy zaatakowali go. Broniąc się, Robin zabił jednego z nich. Szeryf ogłosił, że tym czynem łucznik złamał prawo. Młodzieniec musiał schronić się w domu w Zielonym Lesie na ponad rok. Tam zebrał grupę osób, którą nazywał wesołą kompanią i stał się ich przywódcą. Pewnego razu, w lesie, wdał się w bójkę z mężczyzną o imieniu Mały John, który był bardzo wysoki. To była ciężka walka, ale wkrótce stał się on najbardziej zaufanym człowiekiem Robina. Pewnego razu Robin Hood dał Małemu Johnowi worek złota i powiedział, żeby dostarczył go do Hugh Longshanks jako płatność na poczet zakupionych

zielonych ubrań od Lincolna. Ale Robin Hood martwił się o Małego Johna i poszedł z nim. Po drodze spotkali Artura, zapaśnika i Will Scarlet, szermierza. Dołączyli oni do zespołu Robina. Następnie spotkali Allena, syna młynarza, i zakonnika. Poszli za Robin Hoodem do Lasu Sherwood. Pewnego dnia Ryszard Partington, posłaniec, przybył z wiadomością od królowej Eleonory i powiedział:

- Królowa Eleonora pragnie, byś uczestniczył w zawodach łucznictwa, które będą organizowane przez króla Henryka. Robin poszedł na zawody z Allanem i Scarlet. Dotarli do miejsca, gdzie odbywały się zawody. Przedstawił siebie i swoich kompanów królowi i królowej. Robin Hood wygrał turniej i wrócił do Lasu Sherwood. Pewnego dnia król Ryszard odwiedził Las Sherwood, by spotkać Robin Hooda. Król był bardzo zadowolony z gościnności Robina, dlatego pozostał w Lesie Sherwood cały dzień i noc. Podczas pobytu otrzymał iście królewską ucztę na białym prześcieradle na trawie. Podobnie jak Robin i jego ludzie, władca spoczywał na polanie i był bardzo zadowolony. Następnego dnia król wyjechał do swego rodzinnego miasta z Robinem i jego ludźmi. Wesoła kompania gościła w mieście przez tydzień. Od tego czasu Robin i jego towarzysze żyli spokojnie w Lesie Sherwood.

Trzej muszkieterowie

Dawno, dawno temu we francuskiej wsi żył pewien człowiek o imieniu D'Artagnan, który był bardzo biedny. Zapragnął odmienić swoje życie, dlatego udał się do Paryża, aby przyłączyć się do muszkieterów. W mieście przeżył niemiłą przygodę, gdyż został wyzwany na pojedynek przez każdego z trzech muszkieterów: Atosa, Aramisa i Portosa. Zanim jednak doszło między nimi do pojedynku, zostali zaatakowani przez strażników kardynała, lecz zdołali uciec. Jakiś czas po tym wydarzeniu D'Artagnan i jego nowa miłość, Konstancja, pomogli królowej Francji w podarowaniu części biżuterii i diamentów jej kochankowi, księciu Buckingham. Kardynał dowiedział się o tym i przybył nakłonić króla Francji, by zorganizował bal, na który królowa

musiałaby założyć diamenty. Był
to podstęp, który miał ujawnić jej
niewierność. Czterech towarzyszy
odzyskało biżuterię z Anglii. Następnego
wieczoru kardynał porwał Konstancję.
Jednakże została uratowana przez
królową. Później D'Artagnan spotkał Milady de
Winter i odkrył, że jest osobą, która dopuściła się
poważnego przestępstwa. Była również poprzednią
żoną Atosa, a teraz wdową po hrabim de Winter.
Kardynał wynajął Milady, by zabiła Buckinghama
oraz wręczył jej ułaskawienie na poczet przyszłego
zabicia D'Artagnana. Atos, dowiedziawszy się o
tym, wziął ułaskawienie, ale nie był w stanie
ostrzec Buckinghama. Wysłał powiadomienie
do lorda de Winter, że przyjeżdża Milady. Po
krótkim czasie lord de Winter
aresztował ją pod zarzutem zabójstwa
jego brata, hrabiego de Wintera. Po tym
incydencie Milady uwiodła
strażnika, a potem uciekła do
klasztoru we Francji. W
klasztorze znajdowała się
także Konstancja.
Dowiedziawszy się o tym,
Milady zabiła Konstancję.

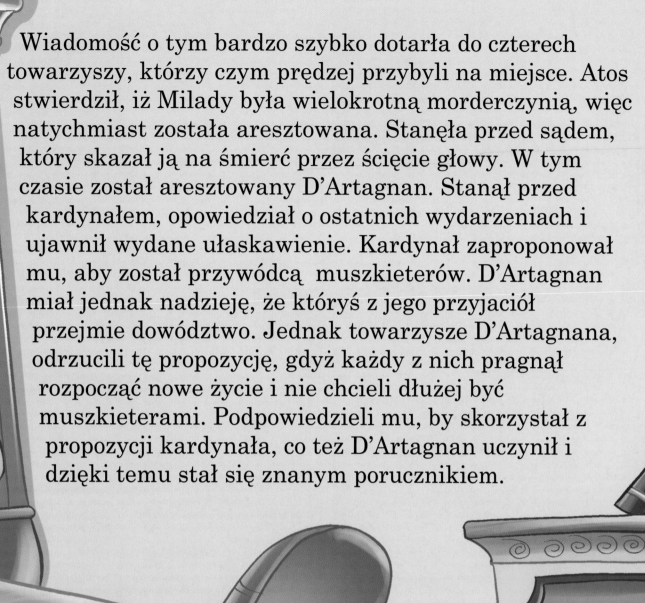

Wiadomość o tym bardzo szybko dotarła do czterech towarzyszy, którzy czym prędzej przybyli na miejsce. Atos stwierdził, iż Milady była wielokrotną morderczynią, więc natychmiast została aresztowana. Stanęła przed sądem, który skazał ją na śmierć przez ścięcie głowy. W tym czasie został aresztowany D'Artagnan. Stanął przed kardynałem, opowiedział o ostatnich wydarzeniach i ujawnił wydane ułaskawienie. Kardynał zaproponował mu, aby został przywódcą muszkieterów. D'Artagnan miał jednak nadzieję, że któryś z jego przyjaciół przejmie dowództwo. Jednak towarzysze D'Artagnana, odrzucili tę propozycję, gdyż każdy z nich pragnął rozpocząć nowe życie i nie chcieli dłużej być muszkieterami. Podpowiedzieli mu, by skorzystał z propozycji kardynała, co też D'Artagnan uczynił i dzięki temu stał się znanym porucznikiem.

Baśnie naszego dzieciństwa
W osiemdziesiąt dni
dookoła świata

W osiemdziesiąt dni dookoła świata

Pewnego razu Fileas Fogg udał się wraz ze służącym Passepartoutem na przyjęcie. Poznali tam wielu bogatych mężczyzn. Rozmawiali o tym, czy możliwa jest podróż dookoła świata w osiemdziesiąt dni i przedstawiali na to różne dowody m.in. gazetę, w której napisano: „możliwa jest podróż dookoła świata w osiemdziesiąt dni". Pan Stuart stwierdził, iż nigdy nikomu nie udało się odbycie takiej podróży. Dlatego rzucił wyzwanie panu Foggowi i założył się z nim. I tak pewnego dnia o godzinie 8 wieczorem Passepartout spakował bagaż. Pan Fogg zwrócił uwagę na to, iż muszą wsiąść w pociąg do Dover o 8:45 wieczorem. Była środa, drugiego października, a zgodnie z zakładem mieli wrócić o 8:45 wieczorem w sobotę dwudziestego pierwszego

Baśnie naszego dzieciństwa
W osiemdziesiąt dni
dookoła świata

grudnia. Powiedział im, że może pokazać swój paszport. Fogg i jego sługa siedzieli w pierwszej klasie przewozu. Noc była ciemna. Zaczął padać deszcz. Fileas opuścił Londyn o 8:45 wieczorem, dotarł do Paryża następnego ranka. Fogg prowadził dziennik o spodziewanym czasie podróży. Opuścił Paryż o 8:40 rano, przybył do Turynu przez Mont Cenis o godzinie 6:35 rano w dniu 4 października. Opuścił Turyn o 7:20 rano i następnie dotarł do Brindisi 5 października o godzinie 4 po południu, godzinę później popłynął do Mongolii, dotarł do Suez w Egipcie w środę, 9 października o godzinie 11 rano. Następnie dotarli do Indii w dniu 22 października i wtedy kupili słonia za dwa tysiące funtów. Podróżowali przez Góry Vindhia i indyjskie lasy. Dotarli do Allahabadu i Kalkuty. Podczas podróży na słoniu Fogg uratował śliczną księżniczkę Audę, która miała zostać spalona żywcem z jej zmarłym mężem. Fogg wyruszył

Baśnie naszego dzieciństwa
W osiemdziesiąt dni
dookoła świata

możesz grać na bębnie.

Pies był zadowolony z tego pomysłu, więc w dalszą drogę wyruszyli razem. Nie upłynęło wiele czasu, kiedy dotarli do kota siedzącego na poboczu drogi. Osioł powiedział, by poszedł z nimi. Kot zgodził się i w dalszą drogę wyruszyli we trójkę. Następnie zwierzęta dotarły do zagrody, przy której ujrzeli płaczącego koguta. Smutnym głosem powiedział:

- Jutro mój pan zabije mnie i zaserwuje swoim gościom w rosole. Wówczas zwierzęta zaproponowały, aby kogut dołączył do ich trójki.

Przybyli na przedmieścia. Kiedy ujrzeli światło, dotarli w jego pobliże. Osioł, największy z nich, podszedł do okna i zerknął do środka.

- Co tam widzisz Siwy Koniu? - zapytał kogut.

- Widzę stół zastawiony dobrymi potrawami i napojami oraz siedzących tam, rozbawionych złodziei.

- Mogłoby tam znaleźć się coś dla nas - zwrócił się do koguta.

- Gdybyśmy tam byli! - rzekł osioł. Następnie zwierzęta zastanawiały się, jak mogłyby wywabić złodziei na zewnątrz. W końcu wymyślili plan działania. Osioł stanął przodem do okna, pies wskoczył na jego grzbiet, na psa wspiął się kot, a na końcu kogut wzbił się i usiadł na kocie. Kiedy już byli gotowi, zaczęli grać wspólną muzykę. Osioł ryczał, pies szczekał, kot miauczał, a kogut zapiał. Zbóje zerwali się, krzycząc, ponieważ myśleli, że powrócił duch właściciela domu i uciekali tak szybko, jak tylko mogli. Od tej pory cały dom stał wolny, a czterej przyjaciele mogli w nim zamieszkać.

Calineczka

Pewnego razu była sobie kobieta, która z całego serca pragnęła mieć małe dziecko, lecz nie mogła spełnić swojego marzenia. W końcu wybrała się do wróżki i przedstawiła swoje pragnienie. Wróżka dała jej ziarenko jęczmienia i kazała je wsadzić w donicę. Kobieta poszła do domu i wykonała polecenie wróżki. W mgnieniu oka wyrósł piękny kwiat. Ucałowała czerwone i złote liście, a kwiat się otworzył. Wewnątrz kielicha, na zielonych, aksamitnych pręcikach siedziała bardzo delikatna i urokliwa dziewczynka. Była ona jednak bardzo maleńka. Jej wzrost sięgał zaledwie połowy palca. Kobieta dała jej na imię

Calineczka z powodu nietuzinkowego wzrostu. Zaczęła opiekować się małą dziewczynką i starała się jej zapewnić wszelkie wygody potrzebne do życia. Za łóżko służyła jej skorupa orzecha, posłanie było wykonane z niebieskich liści fiołka, a płatkiem róży przykrywała się jak kołdrą. Pewnej nocy, gdy leżała na swoim pięknym posłaniu, przez rozbitą szybę wkradła się ropucha. Wskoczyła prosto na stół, na którym spała Calineczka. Urok maleńkiej dziewczynki przyciągnął uwagę ropuchy. Pomyślała sobie, że Calineczka

mogłaby być odpowiednią narzeczoną dla jej syna, więc wykradła ją w środku nocy i umieściła na wodnej lilii. Gdy księżniczka obudziła się rano, zauważyła, że znajduje się na kwiecie pośród strumienia. Ropucha powiedziała Calineczce, że ma poślubić jej wspaniałego syna i również pozostawiła go na lilii. Calineczka usiadła i zaczęła płakać. Nie mogła znieść myśli, że będzie musiała żyć ze starą ropuchą i mieć jej brzydkiego syna za męża. Małe rybki, które pływały w wodzie, spostrzegły ropuchę i usłyszały, co mówiła. Gdy zobaczyły piękną Calineczkę, zdecydowały się jej pomóc. Odgryzły korzeń kwiatu lilii, a motyl zaproponował, że

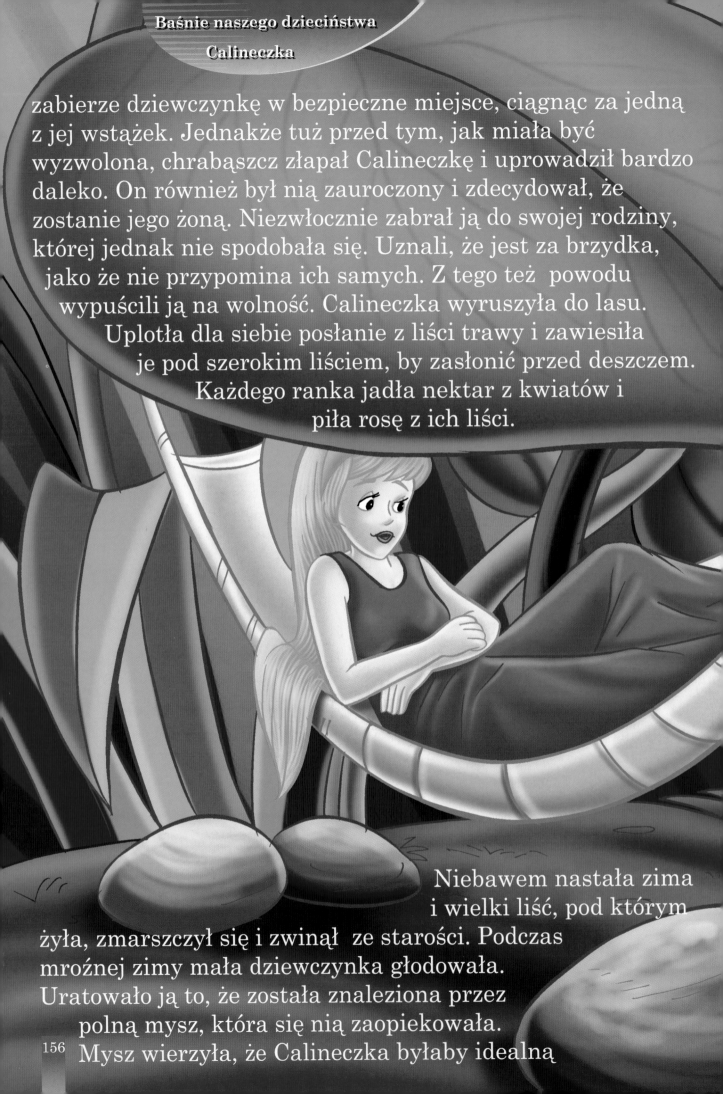

zabierze dziewczynkę w bezpieczne miejsce, ciągnąc za jedną z jej wstążek. Jednakże tuż przed tym, jak miała być wyzwolona, chrabąszcz złapał Calineczkę i uprowadził bardzo daleko. On również był nią zauroczony i zdecydował, że zostanie jego żoną. Niezwłocznie zabrał ją do swojej rodziny, której jednak nie spodobała się. Uznali, że jest za brzydka, jako że nie przypomina ich samych. Z tego też powodu wypuścili ją na wolność. Calineczka wyruszyła do lasu. Uplotła dla siebie posłanie z liści trawy i zawiesiła je pod szerokim liściem, by zasłonić przed deszczem. Każdego ranka jadła nektar z kwiatów i piła rosę z ich liści.

Niebawem nastała zima i wielki liść, pod którym żyła, zmarszczył się i zwinął ze starości. Podczas mroźnej zimy mała dziewczynka głodowała. Uratowało ją to, że została znaleziona przez polną mysz, która się nią zaopiekowała.

Mysz wierzyła, że Calineczka byłaby idealną

kandydatką na żonę dla jej ślepego sąsiada – kreta. Pewnego dnia zaproponowała jej, by wyszła za niego. Calineczka nie chciała go poślubić, lecz nie mogła odmówić, jako że nie było innego sposobu ucieczki przed życiem na zewnątrz. Któregoś dnia Calineczka znalazła w tunelu wydrążonym przez kreta zranionego ptaka. Zabrała go do domu i troskliwie się nim opiekowała. Gdy ptak wyzdrowiał, obiecał, że pomoże Calineczce, kiedy przyjdzie właściwy czas. Mijały dni, a czas ślubu był coraz bliżej. Calineczka poszła, by zobaczyć po raz ostatni kwiaty. Wiedziała bowiem, że kret nie lubi piękna naziemnego świata i ograniczy jej życie do podziemi. Nagle przyleciał ptak, którym Calineczka się opiekowała i zaproponował, że zabierze ją do innego, lepszego świata. Bez zastanowienia zgodziła się, a ptak zabrał ją daleko, na kwieciste łąki, gdzie powiedział jej, by wybrała jakiś kwiat na swój własny dom. Calineczka znalazła kwiat, lecz zauważyła, że zamieszkuje go inna osoba. Był nią książę wróżek. Zauroczony jej pięknem, zapytał, czy go poślubi, a mała dziewczynka zgodziła się. Książę nazwał ją Mają i ofiarował jej parę skrzydeł, aby mogła latać wraz z nim nad łąkami.

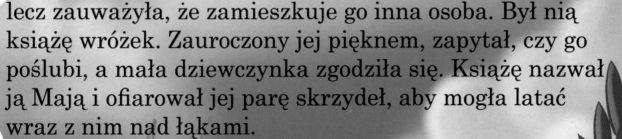

Spis treści